Bilingual Danish-English Edition

Inheritance

Selected Poems Of
Cecil Bødker

Translated from Danish by
Michael Goldman

Spuyten Duyvil
New York City

Acknowledgements

Many thanks to the following journals in which these translations first appeared.

TAB Journal of Poetry and Poetics: "Dawn" and "Self-portrait"
Exchanges, Univ. of Iowa: "Silent Birds," "October," "Douglas Fir," "Lake Malar Sunset," "The Day's Ruin," and "Field of Rage"
Northwest Review of Books: "After Harvest," "Pessimism," "Force," "The Woodchopper," "Little Mulatto," and "Living"
Sub-primal Poetry: "Cain"
Hawk and Whipporwill: "Briars in Snow"; "State of Haste"

Sincere appreciation to The Danish Arts Foundation for their financial support towards the translation of this book. Sincere appreciation also to Niels Holm Mortensen for his cooperation in the publication of this book. Permissions granted by Cecil Bødker and Gyldendal Group Agency.

THE DANISH ARTS FOUNDATION

© Cecil Bødker, Copenhagen. Published by agreement with Gyldendal Group
Translation © 2018 Michael Goldman

ISBN 978-1-947980-82-2 pbk.

ISBN 978-1-947980-83-9 hdc.

Library of Congress Cataloging-in-Publication Data

Names: Bødker, Cecil, author. | Goldman, Michael (Michael Favala), translator. |Bødker, Cecil. Poems. Selections. |Bødker, Cecil. Poems. Selections. English.
Title: Inheritance : selected poems of Cecil Bødker; translated from Danish by Michael Goldman.
Description: Bilingual Danish-English edition. | New York City : Spuyten Duyvil, [2018]
Identifiers: LCCN 2018038491| ISBN 9781947980839 (hardcover) | ISBN 9781947980822 (pbk.)
Subjects: LCSH: Bødker, Cecil--Translations into English.
Classification: LCC PT8175.B5465 A2 2018 | DDC 839.811/74--dc23
LC record available at https://lccn.loc.gov/2018038491

Contents

Solnedgang ved Mälaren	6	Lake Mälar Sunset	7
Efter Høst	8	After Harvest	9
Vredens Ager	10	Field of Rage	11
Dagens Ruin	12	The Day's Ruin	13
Tavse Fugle	14	Silent Birds	15
Oktober	16	October	17
Pessimism	18	Pessimisme	19
Træfælderen	20	The Woodchopper	21
Tvang	22	Force	23
At leve	24	Living	25
Lille Mulat	26	Little Mulatto	27
Tjørne i Sne	28	Briars in Snow	29
Douglasgran	30	Douglas Fir	31
Fygende Heste	32	Drifting Horses	33
Hvil i Fred	34	Rest in Peace	35
Min Farvehave	36	My Color Garden	37
Skærgård	40	Skærgård	41
Søvn	42	Sleep	43
Uppsala	44	Uppsala	45
Brød	46	Bread	47
Jordbær	48	Strawberries	49
Klode	50	Globe	51
Du	52	You	53
Ved Bålet	54	By the Campfire	55
Tudseæg	56	Toad Eggs	57
Den Grå Kat	58	The Grey Cat	59
Heksene	60	The Witches	61
Den Vandrende Mark	64	The Wandering Field	65
Undergang	68	Downfall	69
Som Røg fra en Skorsten	70	Like Smoke from a Chimney	71
Silketråde	74	Silk Thread	75
Græs	76	Grass	77
Hastestemning	78	State of Haste	79
Selvportræt	80	Self-portrait	81
Ødegården	82	The Deserted Farm	83
Sol	84	Sun	85
Stensmeden	86	The Stonemason	87
Luftfoto	88	Aerial Photo	89
Tungt Vejr	90	Heavy Weather	91
Det Land Ulydighed	92	The country disobedience	93
November	96	November	97
Juninat	100	June Night	101
Kult	102	Cult	103
Følgesvenden	106	Follower	107
Opbrud	110	Departure	111
Kain	114	Cain	115

Fandens Unger	116	Damned kids	117
Gry	118	Dawn	119
Den Stormredne	120	Storm Rider	121
Under de Omvendte både på Stranden	122	Beneath the Overturned Boats on the Beach	123
Arven	126	Inheritance	127
De Langsomme Glæder	130	Slow Joys	131
Bjerge af Ro	134	Mountains of Peace	135

Solnedgang ved Mälaren

Som en rad af spidse tænder
i en ildfyldt
dragekæft
rager tusind sorte graner
op på søens anden side.
Hvidlig ånde
stiger slørlet,
som var dragens hede lemmer
sunket ned i Mälarvandet.

Fra det røde ildgab
slynges flammer
ud i himmelrummet.
Dagen brænder –
brænder lydløst
og går tabt.

Tunge askemørke skyer
og det svage brandskær
over horisonten
blir tilbage
efter dagligdagens
ragnarok.

Alliker og krager
flakser om en vejrslidt trætop
som en hær af ådselfugle,
skriger jamrende
en dødssang
over sten og brændte skove
og det bølgeløse vand.

Lake Mälar Sunset

Like a spine of sharp teeth
in a fire-filled
dragonmouth,
a thousand black pines jut
above the lake's opposite shore.
Whitish breath
rises sheer as veils,
as if the dragon's hot limbs
had sunk in the Mälar waters.

From the red firemouth
flames are flung
into the sky.
The day is burning –
burning silently
and lost.

Across the horizon –
heavy ash-dark clouds
and the weak flimmer of flame
remain
after the everyday
apocalypse.

Jackdaws and crows
flap around a weatherbeaten treetop
like an army of carrion birds
shrieking miserably
an elegy
over the rocks, the burnt forest
and the waveless water.

Efter Høst

Dage som hvælvede kister
med indtræk
af ubleget uld,
vædet og stramt
uden polstring i låget.

Dage hvor stilhed
fordråbes
på vindtætte vægge
spændt ned om synsranden.
Sider der samler.

Dage hvor gulnede skæl
løsner fra dine øjne.
Det faldende blads time er inde,
du ser
efter en sommers blindhed.

I det faldende blads time
skal du mødes med jorden,
og din fods tryk
skal føde et tegn
af stor ælde.

After Harvest

Days like vaulted coffins,
with stuffing
of unbleached wool,
moistened and taut
lacking upholstery in the lid.

Days when stillness
condenses
on wind-proof walls
buckled down around the horizon.
Sides that gather.

Days when yellowed dandruff
loosens from your eyes.
The hour of falling leaves is here,
you see
after a summer's blindness.

In the falling leaves' hour
you will meet the earth,
and your foot's imprint
will birth a sign
of great age.

VREDENS AGER

Hvor går du hen med din vrede
barn,
når vejene spærres af ord
du ikke forstår,
og din angst blir større
end straffen.

Hvor går du hen med dit had
når din mor
tankeløst
mistyder din alvor,
og fremmede ler
ad din leg.

Klapper du så en ager
i kassens villige sand
og sår
din vredes første sæd.
Leger du en leg
om døde dukker.

Sig til de oprejste mænd
i verden,
at de må høste
dit modnede had
og pløje din vredes ager,
før de møder dit ansigt.

Field of Rage

Where are you going with your anger
child,
when the way is blocked by words
you do not understand,
and your fear looms larger
than your punishment.

Where are you going with your hate
when your mother
thoughtlessly
misconstrues your seriousness,
and strangers laugh
at your game.

Do you pat a field
into the box's willing sand
and sow
your anger's first seed.
Do you play a game
of dead dolls.

Tell the upright men
in the world
that they must harvest
your ripened hate
and plow your field of rage
before they meet your gaze.

Dagens Ruin

På randen
mellem dag og nat
står en udbrændt borgruin
med ulmende konturer
i den ætergrønne luft.

Onde skyer
stiger
som forstenet brandrøg
ud af sprækker
på et halvt forkullet tårn.

En ruin,
hvor ild har ætset hul
i mørned mur,
og sprængte sale
gløder uden loft,
en ulmende ruin som slukkes,
synker ind i natten
og blir væk.

The Day's Ruin

On the edge
between day and night –
a burned-out castle ruin
with smouldering contours
in the ether-green air.

Sinister clouds
rise
like petrified smoke
from cracks
in a half-charred tower.

A ruin,
where fire has etched holes
in crumbling walls,
and exploded rooms
glow without ceiling,
a smouldering ruin extinguished,
sinks into the night
and disappears.

Tavse Fugle

Sorte jordøjne
stirrer dystert
gennem hullerne
i sneens slidte lagen.
Nabogårdens stråtag
drypper
monotont melodisk
i pytterne langs ladens våde mur.
Den gule kalkpuds skaller
ved lugerne i gavlen.

I et forvokset æbletræ
sidder fire tavse fugle
og drømmer
om solen der gik ned
mens de sang
i fjærne somre.

Silent Birds

Black earth-eyes
stare somberly
through the holes
in the snow's worn bedsheet.
The neighboring farm's thatched roof
drips
monotone
melodically
into puddles
along the barn's damp wall,
yellow stucco flaking
at the hatches in the gable.

In an overgrown apple tree
sit five silent birds
dreaming
about the sun that went down
while they sang
in distant summers.

Oktober

Læne ryg mod en solhedet sten,
høre stære
knitre som koksild,
sprage og brænde
blandt modne kastanier.

Se solregn stramme sin bue,
spænde bro
mellem nede og oppe.
Sænke sin viden om nære November
i glemslens umålte skakt.

Lænke en splint af sit liv
til det tørre græs i Oktober.
Samle en lille akavet tak
i sin hue
for lårviolinmandens slibende spil.

October

Leaning back against a sun-warmed stone,
hear starlings
crackling like charcoal,
sputtering and burning
among mature chestnuts.

See a sunshower tighten its bow,
stretching a bridge
between down and up,
lowering its knowledge about near November
into oblivion's unmeasured shaft.

Linking a shard of your life
to the dry grass in October,
collect a small awkward thanks
in your cap
for the thigh-violin man's cutting melody.

Pessimisme

Fredsdue
født af Picasso,
forlad din litografiske dvale,

slå følge med
kirkegårdsfuglen
fra sorgens marmor,

og duen af gips,
åndens symbol
over præstens isse.

Tag dem med dig
tilbage til arken,
hvorfra I fejlagtigt drog ud,

find hullet i skottet
og sig ham,
Noa:

Menneskene er ikke gode,
bed ham
lette bundventilen.

Pessimism

Dove of peace
created by Picasso,
leave your lithographic hibernation,

join with
the cemetery bird
from grief's marble,

and the dove of plaster,
spirit symbol
over the priest's bald pate.

Take them with you
back to the ark,
that you left by mistake,

find the opening in the bulkhead
and tell him,
Noah:

People are not good.
Ask him to please
open the scuttle.

Træfælderen

Argt griber du an
mod groende vækster,
hærgende ublidt
skovenes vegetation.

Avet står ås
opreven med rode.
Værgeløst Ved
levende stemmet af jord,

pint af træk
og tærende lys,
hvor du rasende fór
på rivende meder.

Ødet ligger din ager
økset ihjæl af din vrede,
lidt aske under din fod
din forvitrede hævn.

Aldrig finder du stilhed,
storm,
før du åbent erkender
din styrkes forfængelighed.

The Woodchopper

Insidiously you go at it
with the growing things,
ravaging without care
the forest vegetation.

The ridge reversed
ripped up by the roots.
Defenseless Woods
living voice of the earth,

tortured by draft
and harsh light
where you storm forward
on trampling runners.

Desolate lies your field
axed to death by your anger,
bit of ash under your foot
your crumbled revenge.

You will never find quiet,
storm,
not before you acknowledge openly
the vanity of your strength.

TVANG

Du kan ikke tvinge dem
til at elske hinanden,
og du kan ikke piske dem til at enes,
for de vil hade dig
i fælleskab,
så også din søn
må lære at dræbe.

Du kan ikke åbne deres øjne
med magt,
for de vil frygte dig,
og deres hjerter vil springe som flint.
Kun dine våbenløse hænder
kan vise dem vejen
til fordragelighed.

Force

You can't force them
to love one another,
and you can't beat them into agreement,
or in solidarity
they will hate you,
so your son too
will have to learn to kill.

You can't open their eyes
by force,
or they will fear you,
and their hearts will spark like flint.
Only your weaponless hands
can show them the path
to tolerance.

At Leve

Børn lever forlæns
som lys
foran hvæsende damptog,
snævert og skarpt.
Rundtom er mørket sort.

Voksne lever sidelæns
tøvende
vendt mod hinandens waggoner.
Tog haster forbi,
hvor kører vi hen
allesammen.

Gamle folk lever baglæns
som katøjne
og andet mådeligt baglys,
lever i skæret
fra unge stormende lygter.
Rundtom er mørket sort.

Living

Children live forward
like lights
before hissing steam engines,
narrow, sharp,
surrounded by black darkness.

Adults live sideways
hesitating
turned towards one another's traincars.
The coaches hurry past –
where are we all going
together?

Old people live backwards,
like cats' eyes
and other indifferent backlights.
They live in the glimmer
of young storming lanterns,
surrounded by black darkness.

Lille Mulat

Fordi det kan ses på dit ansigt
at din far har forladt dig,
fordi du ikke kan skjule
din mors brøde,
kender hun ikke sit barn.

Din mor kunne ikke nægte,
for du var bevis.
Der var ingen mulighed for løgn
på forargelsens dag,
og hun efterlod dig på gaden.

Lille mulat,
fordi din far var din far,
og fordi han forlod dig,
blev din mor stemplet som billig
og du gjort værdiløs.

Det var ikke din skyld
du blev til,
men du bærer to folkeslags skam
på din skulder,
fordi de ikke vil kende dig.

Little Mulatto

Because it can be seen on your face
that your father abandoned you,
because you can't hide
your mother's guilt,
she doesn't accept her child.

Your mother couldn't deny it
because you were proof.
There was no opportunity for lies
on the scandalous day
she left you on the street.

Little Mulatto,
because your father was your father,
and because he abandoned you,
your mother was branded as cheap
and you as worthless.

It wasn't your fault
you were born,
but you carry the shame of two lineages
on your shoulders,
because they will not accept you.

Tjørne i Sne

Trinde af hvidhed,
tunge af livskraft
og kriblende bier,
hang de blomstrende tjørne
svimle
ved aborrens våde stier.

Maj så mælkede dagmåner
sejle på åens vand.
Oktobers fugle
åd afrevne bær
langs nyisens blege rand.

Nu tynges de frodige tjørne
igen
mod dyrenes drikkespor,
runde men golde
drysser de hvidt
på den vinterhvide jord.

Briars in Snow

Mounds of whiteness
heavy with vitality
and prickly bees,
the flowering briars hung
dizzily
over the perch's watery route.

May witnessed milky day-moons
sailing on the river water.
October's birds
ate torn-off berries
along the new ice's pale edge.

Now the fertile briars are weighed down
again
toward the animals' drinking trail,
full but barren
strewing white
on the winter white earth.

Douglasgran

Lysten til at være egern fødes uformodet
foran denne mast i skoven, denne stamme
rejst af grunden stejlt mod himlen
lodret
af en vilje rankere og mere
stræbende end vi er vant til
vinkelret
på jordens hud.
Øjet springer muntert, nakkebrækkende
deropad, opad.
Lysten til at være egern får det til at klø
på rumpen
halebenet gør sig sært bemærket, noget
spirer, bryder ud og neglene blir strukket
længere og foldet tynde, krumme
sultne efter barkens grove skorpe
brugbar frønnet ælde
svøbt om vedet som en høj
og lukket kåbe
langt deroppe fuld af ærmer
fuld af arme
rakt mod vindens mange hjørner.
Lysten til at være egern bærer opad
bærer øreduske øverst
bærer pels og bagest halen
indianerrød og håret
flugtens lette fanehængte styrestang.
Ikke vinger
ikke fuglens bæreevne
glideflugtens uforlignelige redskab
ind mod nabotræets side.
Lysten til at være egern piler atter opad
hujer, gnældrer, skælder skingert
ned mod nogens tomme
efterladte støvler under træet
tæt ved roden.

Douglas Fir

The urge to be a squirrel rises unexpected
before this mast of the woods, this trunk
risen from the ground steep to the sky
vertical
by a will more erect and more
striving than I am used to
perpendicular
to the earth's skin.
My eye jumps frolicking, neck-breakingly
up, up.
The urge to be a squirrel makes my behind
itch
my tailbone strangely more noticeable, something
is sprouting, erupting, my nails stretch
longer, slightly folding, curling,
hungry for the bark's coarse crust,
useful rotten antiquity
wrapped 'round the wood like a tall
closed robe
far above full of sleeves
full of arms
stretched towards the wind's many corners.
The urge to be a squirrel carries upward
carries eartufts topmost
carries fur and finally the tail
indian-red hirsute,
flight's airy banner-hung joystick.
Not wings
not the bird's talent-bearer –
glide-flight's unparallelled tool
into the side of the neighboring tree.
The urge to be a squirrel darts upward again
jeers, whines, scolds shrilly
down at someone's empty
abandoned boots under the tree
standing by the root.

Fygende Heste

Fygende heste
stejlende, blanke
dybt nede
over Grossglockners flanke.

Det føg med heste
som blanke avner,
strømmende skæl
som ingen savner.

Tvivlende, ene
med panden mod glasset
så jeg skyerne
gå gennem passet.

Dybt nede jog heste
som hjertebanken,
en rødme
for vildt over klippeflanken.

For veg til at spørge,
måske for fejg
til at kende svaret
jeg vidste var nej.

Alene med tvivl
og fygende heste
vidste jeg ikke,
at nej var det bedste.

Drifting Horses

Drifting horses
rearing, gleaming
down below
across Grossglockner's flank.

Swirling horses
like swirling chaff
streaming husks
missed by no one.

In disbelief,
my forehead at the glass
I see the clouds
overtake the pass.

Deep below, rushing
horses like a heart
thumping a blush
lost on the cliffside.

Too weak to ask
perhaps too timid
to recognize the answer
I knew was no.

Alone with doubt
and drifting horses,
I didn't know
that was best.

Hvil i Fred

Gå stille,
tal sagte,
væk ikke de sovende.

Hvide
kulet ned
i dynger af dun.

Sorte
slængt i bart
på ugarvede zebraer.

Gule
spundet ind
i silkeormens kokon,

og Brune
spredt som polerede bønner
på bast.

Røde
som bolsjefigurer
i bøffelskindskræmmerhuse,

og frysende Blå
forladt
på polernes is.

Gå stille,
råb ikke så højt.
Lad de sovende sove,
måske drømmer de noget.

Rest in Peace

Step quietly,
speak softly,
don't wake the sleeping.

White
stashed away
in piles of down.

Black
flung naked
on untanned zebras.

Yellow
spun
into the silkworm's cocoon,

and Brown
spread like polished beans
on bast.

Red
like candy figurines
in buffalo-skin cones,

and freezing Blue
abandoned
on the polar ice.

Step quietly,
don't yell so loud.
Let the sleeping sleep,
they might be dreaming something.

Min Farvehave

I min smukke have
gror der farver op af jorden
gror der farver
ud af mure
ud af sten og gamle stammer
farver med facon som fugle
farver skabt af mug og udslet,
vægge blomstrer blåt og afslidt
med den helt specielle
solblå skygge
fra min farmors skyllevand.
Jeg har runde farver
som kartofler
lange som lavendelbede
korte som en rosenknop,
jeg har tågefarver
blå og grønne
som de blå og grønne bjerge,
grå som fjelde, fjerne,
røde som den røde jord
fra egne
hvor selv jorden vokser farvet
under foden.

I min have har jeg himlen
ud af himlen gror der
fine silkegrå nuancer
gror der blågrå
vrede penselstrøg
og tynde lette tråde
gjort af afstand.
Nattens bjerge bæres oppe
af en gul og grønlig rosa
himmelrand.

My Color Garden

In my pretty garden
colors grow up from the ground
colors grow
out from the walls
from stones and old trunks
colors shaped like birds
colors made of mold and cankers,
walls blossoming blue, eroded
to the exact rare
sunblue shadow
of my grandmothers rinsewater.
I have round colors
like potatoes
long colors like lavender leaves
short ones like rosebuds,
I have mist colors
blue and green
like blue and green mountains,
green as distant hills,
red as red earth
from regions
where even the earth takes on color
underfoot.

In my garden I have sky
out of the sky
grow fine silk-gray nuances
blue-gray
angry brushstrokes
and wispy threads
created by distance.
The night's mountains buoyed
by yellow and greenish-pink
horizon.

I min have vokser lyset
op af jorden
ud af tunge gule skrænter
hvor man slemmer okkerpulver
ud af sorte gange
ind i bjerget
jordens farver jordens lys.
Jeg har byer i min have
bygget op af lilla farver
støvet rosa, violette, nænsomt.
Farver skælvende fordelt
med sarte pensler
selv på luften.

Allevegne
hvor der færdes smukke farver
er min have.
Ingensteder.
Alting i min smukke have
ejer jeg
men ingenting af det
er mit.

In my garden light grows
up from the ground
out of heavy yellow slopes
where they mine ocher-powder
out of black shafts
inside the mountain
earth's colors, earth's light.
I have cities in my garden
rising in purple hues –
dusty rose, violet, gently.
Quivering colors spread
by delicate brushes
even on the air.

Wherever
beautiful colors are found
is my garden.
Nowhere.
Everything in my beautiful garden
I own
but none of it
is mine.

SKÆRGÅRD

Sten som strandede hvaler,
hvælvede.
Rå salte rygge i brænding.
Størknede aldre.

Og isen skar.
Skridende trægt under egen tynge,
skrev isen sit navn
og bosted
på stynede bjærge.

Forfædre sled
med udtrådte fødder,
ru af skarn,
blanke sortladne stier
på grå ramponeret fortid.
Granit.

Sten i vand
og stank af rådden fisk.
Fangst
ofret til barske guder
for blæst og heldig hjemfart.

Hellige sten.
Århundreder hviler forvitret
i fuger og ar.
Forfædres støv.

En efterkommer
går her i dag
med tykke turistsko.
Undrende.

Skærgård

Rocks like beached whales,
humped.
Raw salty backs in breakers.
Indurated age.

And the glacier cut.
Sliding sluggish under its own weight,
the ice wrote its name
and place
on pollarded mountains.

Forefathers labored
with worn out feet,
rough with filth,
shiny blackened paths
on gray, battered history.
Granite.

Rocks in water
and stench of rotten fish.
Catch
offered to harsh gods
for wind and auspicious return.

Divine rocks.
Centuries rest crumbling
in furrows and scars.
Forefathers' dust.

A descendant
walks here today
on thick tourist shoes.
Wondering.

Skærgård : an archipelago that borders and protects a coastline, such as the one outside Stockhom, Sweden.

Søvn

Søvn træder varsomt
i blå sandaler,
dagblomst
bøj dit hoved,
Søvn går gennem dit sind,
og lukker
øjets portal
forsigtigt
bag sine hæle.

Søvn går varsomt
i blå sandaler
ind gennem hjærnehvalvet,
Søvn træder varsomt
på blomster og børn,
menneske bøj dit hoved,
knæl
i Søvnens blå katedral.

Sleep

Sleep walks gingerly
in blue sandals
Day-flower
bow your head
Sleep passes through your mind,
closing
the eyes' portal
carefully
on its heels.

Sleep walks gingerly
in blue sandals
all through the brain's vault.
Sleep walks carefully
on flowers and children.
People bow your head,
kneel
in Sleep's blue cathedral.

Uppsala

Røde bær
i grågrønt bladværk
under mellemsverigs pinje,
smalle egern
drypper ned
fra pinjens brede tag.
Spætteskrig
skærer ildhedt
gennem ben og marv
som skrig
fra hvide fakler
sømmet op på stammevæggen.

Travle mænd
i overalls,
små og blå som arbejdsbiller,
reparerer kobbertaget
på Uppsala-domens tårne.
Men i går så jeg en due
stige fra det grå stillads,
båret som et blad
i solskin
over hammerslag
og larmen
af elektriske maskinbor.

Og der sejler
gule blade,
sparket frem af lange årer,
knirkende på Fyris-åens
gamle slidte vandvej.
Birkeblade –
høstens gyldne tagskæl,
høstens rige karaveller –
glider bort med strømmen
fra den evig-unge stad.

Uppsala

Red berries
among grey-green leaves
under central Sweden's stone pines,
thin squirrels
dripping down
from the pines' broad roof.
Woodpecker shrieks
cut firehot
through bone and marrow
like shrieks
from white torches
nailed to the log wall.

Busy men
in overalls,
small and blue as working beetles,
repair the copper roof
on the Uppsala cathedral tower.
But yesterday I saw a dove
rise from the grey scaffolding,
borne like a leaf
in the sunshine
over hammer blows
and the whine
of electric drills.

Yellow boats
are sailing,
kicked forward by long oars,
creaking on the Fyris River's
old worn watercourse.
Birch leaves –
the harvest's golden roof dross,
the harvest's rich caravels –
glide away with the current
from the ever-young city.

Brød

Det daglige brød,
det er tykke tæpper på gulvet,
radio
og rindende vand.
Du gør dig megen bekymring,
ment alt er fornødent.
Vi lever ikke af brød alene.

Giv os i dag –
brødet.
Vi glemmer brødet
for dynger af pålæg
og tilmad.
Fordi vi lever i overflod
glemmer vi hvad liv er.
Tag alting fra os,
men giv os brød i den elfte time.
Livets brød.

Bread

Daily bread:
thick carpets on the floor,
radio
and running water.
You worry a lot,
think we need everything.
We do not live by bread alone.

Give us today –
bread.
We forget the bread
below piles of meat
and provisions.
Since we live in surfeit
we forget what life is.
Take everything away,
but give us bread in the eleventh hour –
The bread of life.

Jordbær

Et fladtrådt jordbær
på den støvede fortovsflise,
grønthandlerens vindu
med pæne papbakker
til to og en halv –

Jordbær!

Tøse med smattede hænder
og klistret hår
og med jordbær på strå
i en grøft.

Spændte drengekroppe
som maver sig frem
en lys sommeraften
i den gale gartners mark
pletter på tøjet
sorte knæ
jord i munden
og sjælen fuld af fryd og panik!

Jordbær, ja –
at hikke af spænding
og kile i skjul
med en vred mands trusler i nakken.

Strawberries

A trodden strawberry
on the dirty sidewalk
the grocer's window
with neat cartons
priced two and a half –

Strawberries!

Girls with messy hands
and sticky hair
and straw under berries
in a ditch.

Excited boybodies
creeping forward
one bright summer evening
in the mad gardener's field
stains on clothes
black knees
dirt in mouths
and souls full of relish and panic!

Strawberries, yes –
hiccuping with excitement
and racing to hide
pursued by an angry man's threats.

KLODE

Henover jordens
grønne noprede plydsbold
løber livets tråde,
som et uløseligt knudet
fletværk.
Jorden hænger i sit net,
som andre bolde i deres,
og livets tråde ender,
hvor den evige gåde
har trukket snoren sammen
foroven.

Globe

Across the green knobby plush
ball of earth
stretch the threads of life
like an intractable knotted
weave.
Earth hangs in its net
as do other balls in theirs,
and life's threads cease
where the eternal mystery
has pulled the ends together
up above.

Du

Jeg plukker smil
i dine øjne,
jeg sætter dem i håret
og kigger på mig selv
i din pupil.

Jeg plukker kys
på dine læber,
jeg nippedrikker af din mund,
jeg plukker kys –
og trækker dem på strå.

Jeg plukker kærtegn
af din hånd,
jeg strør dem over græsset,
jeg tar dem på mig
som en gennemsigtig ham.

Jeg plukker ord
i dine tanker,
jeg plukker dig,
jeg tar dig med i mine hænder
når jeg går.

You

I pluck smiles
from your eyes,
place them in my hair
and look at myself
in your pupil.

I pluck kisses
from your lips,
take sips from your mouth,
I pluck kisses –
and string them together.

I pluck caresses
from your hand,
I strew them over the grass,
cover myself with them
like an invisible skin.

I pluck words
from your thoughts,
I pluck you,
take you with me in my hands
when I go.

Ved Bålet

Børn laver bål i marehalmen
de brænder pinde og gammel tang
dér hvor skrænten er skredet
de steger æbler på spid
og rister kartofler i asken
de råber og skændes
og skrålet høres videnom.

Men når tusmørket kommer
rykker de nær sammen
så sidder de om ilden,
tavse
med hede i ansigtet
og kold ryg
og lægger pinde på.

De sidder længe før de går hjem
med sorte hænder
og røg og havluft i håret.

By the fire

Children make a campfire in the dune grass
they burn sticks and old seaweed
there where the slope has worn away
they roast apples on skewers
and bake potatoes in the ashes
they shout and bicker
the commotion can be heard far and wide.

But when twilight comes
they gather close
sitting around the fire,
silent
with hot faces
and cold backs
adding sticks.

They sit a long time before going home
with blackened hands,
smoke and ocean wind in their hair.

TUDSEÆG

Dammen bag skovbrynet,
et paradis for drenge
med gummistøvler.
Tudser og frøer
hænger bunkevis i vandskorpen
og gyder æg
den brunstigt brusende
kogelyd
høres på lang afstand.
Så knækker det under en støvle
og stilheden rammer øret
som noget tungt.
Hastige plump langs bredden,
lidt efter begynder kogeriet igen.

En drengemund
åbner sig og ånder
mod forårsblæsten
mens to ivrige næver
lukkes
om en stor klump tudseæg.
Det meste skrider ud mellem fingrene
og falder klatvis
mellem grønslim og vandplanter
og sunkne grene,
før drengen
med sprøjt om støvlerne
når sylteglasset.

Ude over det flade markland
synger lærkerne
men det er der inger der hører.

Toad Eggs

The pond behind the woods –
a paradise for boys
with rubber boots.
Toads and frogs
hang in clumps at the water's skin
spawning eggs –
the lusty simmering
gurgling
can be heard far away.
A snap under a boot
and sudden heavy silence
oppresses the ear.
Quick plops along the edge.
Soon the bubbling resumes.

A boy's mouth
opens and breathes
in the spring gust
while two zealous fists
close
around a big clump of toad eggs.
Most of it squeezes out between his fingers
falls in globs
amid green slime, water plants
and sunken branches
before the boy,
boots squishing below,
gets the jelly jar.

Across the flat farm country
larks are singing
but no one can hear them.

Den Grå Kat

Katten
gnider sig
skyggegrå, med lodret hale
mod gammelfars skæve ben
spinder kælent
kigger opad
gult og gådefuldt.

Gammelfar
bøjer besværligt
sin ømme gigtryg
klør så
med to krogfingre
den skygge grå
blidt bag øret.

Glemte tider
ungdoms tabte dage
alt det som forsvandt
og kun efterlod
gigt og gebrækkelighed
ser pludselig på gammelfar
med grumt og gådefuldt
rovdyrblik.

Den grå kat spinder
kælent.

The Grey Cat

The cat –
shadow-grey, vertical tail
rubs against
old dad's crooked legs
purrs affectionately
looks up
yellow and mysterious.

Old dad
bends with difficulty
his sore arthritis back
scratches
with two crooked fingers
shadow-grey
gently behind its ears.

Forgotten times
youth's lost days
everything that disappeared
and left behind only
arthritis and infirmity
looks suddenly at old dad
with a cruel and mysterious
carnivore gaze.

The grey cat purrs
affectionately.

HEKSENE

Nat – nat
midsommernat.
Vi kløver rummet
som vildænders krummede
svirpende kile.
Nat er det, nat.
Vi rider i følge
med flyvende skyer,
vi skriger som grågæs,
vi stiger, vi stiger,
svinger os højt
over menneskeriger
og menneskeskrål.
De råber dernede
hvor mørket tynger,
de støjer, de synger,
om blussende, rygende
haveforenings-
sankt hansfest-bål.

Dybt nede er de,
de tunge, de dumme,
med åbne munde
hujer de, synger de
ølflasker svinger de,
børn æder is.
Et pyntet skabilken
med riskost og kyse
står plantet i osende
tangmadrasser,
i kvalmende dynger
af muggen kvas,
sommerhusaffald
og alskens skrammel.

The Witches

Night... night
midsummer night.
We cleave the sky
like the wild duck's curled
swishing wedge.
Night, it is night.
Together we ride
with the drifting clouds.
Hooting like grey geese,
we rise, rise,
swinging ourselves high
over the nations of men
and their squalling.
Down there shouting
amid the thick darkness,
they make noise, singing
around a flickering, smoking
garden association bonfire
for the Feast of St. John.

There they are, far down,
the heavy ones, the dumb ones,
with open mouths
shouting, singing
swinging beer bottles,
the children gorging on ice cream.
A decorated scarecrow
with broom and bonnet,
placed on smoking
mats of seaweed
in choking piles
of moldy brush,
vacation trash
and all kinds of junk.

Og dette skabilken
er det som de dumme
forstår ved en heks!

Nat, nat
midsommernat.
Vi flyver, vi farer,
vi jager
som lydløse ugler
og flagermus-drager
afsted gennem rummet
opad, opad
hvor luften er ren
og mørket fortyndet
af stjerneskær.

Vi er heksenes hær.

And that scarecrow
is a witch
to those idiots!

Night, night
midsummer night.
We fly, we journey,
we hunt
like silent owls
and bat-winged dragons
through space
upward, up
where the air is clean
and the dark diluted
by starlight.

We are the witches' army.

Den Vandrende Mark

Hvileløst vandrer
den halvmodne byg,
strømmer som vand
over bakker,
opad, opad,
båret af blæsten.

Så håbløst
higer
den lændende mark
så blind,
så døv i sin udve,
lænket til jorden,
til livet,
med saftfulde tråde.

Stavnsbundet
står du,
bygmark,
og længes op over bakken,
aldrig når du derop,
aldrig kommer du levende
ud over hegnet,
aldrig,
siger jeg dig.

Stands din higen
bygmark,
din vilde udve,
for dine strå går af led,
lad ikke blæsten,
den fæle gøgler,
friste dig
over din evne.

The Wandering Field

The half-ripened barley
wanders restlessly,
flowing like water
over hills,
upward, upward,
buoyed by the wind.

The bound field
aspires so vainly,
blind
and deaf in it's need
to roam,
chained to the ground
to life,
with sap-filled strands.

You are tied down
barley field,
wishing you were up over the hill,
where you never will reach.
You will never make it alive
past the hedgerow,
never,
I'm telling you.

Stop your striving
barley field,
your wild yearning,
before your stems dislocate,
don't let the wind,
that cruel joker,
tempt you
beyond your power.

Sorgløst vandrer
den halvmodne mark,
strømmer forbi mine ord
som vand
forbi en ubrugelig mølle.

Carefree
the half-ripened field
streams past my words
like water
past a broken mill.

UNDERGANG

Nu forrådner
somrens varme
under fyrrens flade rodnet,
og den sidste soldag slukkes
som et udbrændt lys
i fyrrens krone.

Råddenskabens blomster
bryder
gennem mossets magre tæppe,
røde – giftiggule,
pjalteparaplyer,
som peger
ad den hvide himmel.

Nu er dagen opløst
og nattens sorte laser
hænger under fyrrens grene
som store flager sod.
Jorden hælder hårdt i svinget,
mørke – mørke
det var somren der faldt af.

Downfall

Now the heat of summer
decays
under the pine's flat rootnet,
and the last sunny day goes out
like a spent candle
in the pine's crown.

Flowers of rot
break
through the meager carpet of moss,
red, poison-yellow,
umbrella tatters
pointing
to the white sky.

Now the day is dissolved
and night's black rags
hang beneath the pine's branches
like great flakes of soot.
The earth leans hard at the turn,
darkness – darkness,
summer fell off.

Som Røg af en Skorsten

Fremmede huse
trænges
foran mit vindu,
står i kø
og gaber firkantet
med gardinomkransede øjne
ind til mig
gennem min plettede rude.

Fremmede huse
skulder ved skulder
trædende hinanden
op ad soklerne,
spærrende
for alle blikke
med hverdagskalkede mure,
intet udsyn
ingen luft
ingenting.

Der er kun een vej
ud af det hele
– ovenud.

Op og ride på skyerne,
op og se regnen
ovenfra,
selv være dråbe
og falde et sted,
hvor ingen huse
fanger én på taget
og jager én
gennem tagrender
og hulkende nedløbsrør
til en kloaks
hångrinende fængselsgitter.

Like Smoke from a Chimney

Unfamiliar houses
intrude
outside my window,
standing in line
gaping squarely
with curtain-wreathed eyes
in at me
through my spotted pane.

Unfamiliar houses
shoulder to shoulder,
the foundations,
on one another's heels
blocking
all vision
with their plain stucco walls
no view
no air –
nothing.

There is only one way
out of all this
– up and out.

Up and ride on the clouds
up and see the rain
from above,
become a drop
falling somewhere,
where no houses
can catch you on the roof
and chase you
through a gutter
and sobbing drainpipe
to a sewer's
taunting, laughing prison grate.

Der er kun een vej ud
mellem fremmede huse
– ovenud,
som røg af en skorsten.

There is only one way out
between unfamiliar houses
– up and out,
like smoke from a chimney.

SILKETRÅDE

Så fint og blødt som silke
trækker noget sine tråde
dag og nat
mellem dig og mig.
Tusind usynlige strænge
måske tankers fine tråde
måske blodets silkerøde –
dette stille stille noget
gennemtrænger alt.

Dirrende
– i en stilhed fyldt med toner
øret aldrig hørte –
trækker noget sine tråde
mellem dig og mig.
Men –
ved du
intet skærer dybt som silke
når de fine tråde strammes
spændes
til de brister
under hårde hænders greb.

Silk Thread

Something is drawing thread
fine and soft as silk
day and night
between you and me.
A thousand invisible strings
perhaps the fine thread of thoughts
maybe the red silk of blood
something silent
and permeating.

Quivering
– in a quiet filled with tones
no ear ever heard –
something is drawing its thread
between you and me.
But –
you know
nothing cuts deep as silk
when the fine threads are taut
stretched
until they snap
in the grip of hard hands.

Græs

Vi er kun græs
på en grøftekant
ved tidens afslidte vej,
kun græs
og måske en syngende blomst,
måske en nælde
iblandt.

Over os vandrer
på kløftet fod
skæbnegudinden
med slingrende yver,
jordslået, måske –
mellem patternes
frodige blegrøde horn.

Over os vipper
gudindens skæg, mens hun æder
lidt græs
og en syngende blomst,
tyggende
går hun på nældernes
brudte nakker.

Vi er kun græs
på en grøftekant,
lidt støvet græs
ved en vej,
hvor årene kører forbi
i karet
med malede guldkroner på.

Grass

We are but grass
in a ditch
beside the worn road of time
only grass
and maybe a singing flower,
maybe a nettle
among us.

Above us wanders
the goddess of fate
on cloven feet
with swaying udder,
dirt-stained, perhaps –
between the teats'
fertile pink horns.

Above us the goddess's beard
bobs while she eats
a bit of grass
and a singing flower,
chewing
she steps on the nettles'
broken necks.

We are but grass
in a ditch
a bit of dusty grass
by a road,
where the years drive past
in carriages
with painted golden crowns.

Hastestemning

Som en flammegul flamingo
står det store vanvid
stille
på sit ene tynde ben
og vajer i den sorte flod.

Som en vild og oprørt masse
fosser vandet blindt forbi,
filer halvvejs opad benet,
fløjter ad den flammegule,
græder lidt
og ler.

Måneblå neuroser
blomstrer
om et gult flamingoben,
og det store vanvid hænger lavt
ved floden som er os
og vores jag.

State of Haste

Like a flame-yellow flamingo
the great madness stands
still
on its one thin leg
swaying in the black river.

Like a wild, churning mass
water gushes blindly past,
streams halfway up the leg,
whistles at the flame-yellow,
cries a little
and laughs.

Moon-blue neuroses
bloom
around a yellow flamingo leg,
and the great madness hangs low
at the river which is us
and our frenzy.

SELVPORTRÆT

Ugræs vokser frækt
på min tunge
midt i et bed
med smagsløg,
og mellem hårets
mangroverødder
stimer sumpfisk,
som flygtende sølvgrønne
skyggedyr.

Mit hjærte dingler
bekymringsløst
i sin snor
fra nederste ribben til venstre,
blir det knust,
strør jeg det
som aske på issen,
– eller måske
som krudt.

Self-Portrait

Weeds are brazenly growing
on my tongue
in the middle of a bed
of tastebuds,
and between my hair's
mangrove roots
swim swampfish in schools
like fleeing silver-green
shadow-animals.

My heart is dangling
worry-free
on its rope
from the lowest rib on the left –
if it gets crushed,
I will strew it
like ash on my head
– or maybe
like gunpowder.

ØDEGÅRDEN

Hørte du stilheden græde
om ødegården
på Gråfjæld,
så du trækken
tegne erkendelsens ar
i støvet.

Stod du bange,
forstemt,
ved den halvåbne dør
og så efter henfarne sjæle, –
dit hjerte slog skræmt
mod århundreders stilhed.

Kun støv var tilbage
og sandheden.
Nøgen sad den
på ildstuens sten
forbrændt
og med henfaldne læber.

Kun støv var tilbage
og sjælenes puslen på arnen.
Utydeligt ekko
af liv
som forlængst
var fortæret af ælde.

Glemt.
Hørte du stilheden græde fortabt,
og vindens fyrige afkom
gå tyst over taget.
Så du støvet
på Gråfjæld.

The Deserted Farm

Did you hear the stillness crying
for the deserted farm
at Gråfjæld?
Did you see the draft
draw a scar of recognition
in the dust?

Did you stand there afraid,
disheartened
at the half-open door
looking for departed souls, –
your heart beating fearfully
against the stillness of centuries.

Only dust stayed behind
and truth.
It was sitting naked
on the stone hearth
charred
with sagging lips.

Only dust stayed behind
with the souls puttering by the fireplace.
Indistinct echo
of life
long ago
consumed by age.

Forgotten.
Did you hear the stillness crying in despair,
and the wind's virile offspring
advancing silently across the roof?
Did you see the dust
at Gråfjæld?

Sol

Sommerfuglen synger
mens den sparker
puppen af sig,
og grønne fluer gaber
på skurets hede træ,
sidder dér
som store blanke søm
i sol.

På kubens dørtrin
står bien
og laver
nakkeskilning,
for den fletter sine knurhår
til en lille fiks propel
og starter
dagens rutefart
til honningmarken.

Korsedderkoppen
sidder i sin egen skygge
og væver død og doner
af spyt og flueben
og sommerfuglens sang,
liglagner
lagt til bleg
på tjørnebuskens torne.

Sun

The butterfly sings
while kicking
off its cocoon,
and green flies yawn
on the shed's hot boards,
sitting there
like big shiny nails
in sunshine.

On the hive's porch
the bee stands
making
a part
before braiding its whiskers
into a nifty little propeller
and beginning
the day's commute
to the honey field.

The black widow spider
sits in its own shadow
weaving death and snares
out of spit, fly legs
and butterfly songs,
shrouds
hung to bleach
on the bush's thorns.

STENSMEDEN

Den gamle lyd af sten mod sten
fra dit arbejdssted
forstummede sent,
årtusinder sad du på stranden
og blandede bølgens slag
med din håndstens rytmiske fald
mod din ambolt.

Den gamle lyd,
og arrene på dit ansigt
gjorde sig agtet
i bønders ærbødige kreds
om din krumme ryg.
Du var smeden, som gjorde dem økser
og skær til deres plove.

Du var smeden. Årtusinder sad du
på bølgens ramsalte tungespids
og formede flint med rige hænder.
Havgus satte gigt
og blæst gjorde stranden øde,
flinteskår kendte dit blod
men du blev.

Utrættelig
drev du dit mesterværk ud
af flinteknuden
i din vurderende hånd.
igen og igen
skar du dit minde
i strandkantens stål.

The Stonemason

The old sound of stone on stone
from your workplace
was finally muted.
Millennia you sat on the beach
blending the waves' crashing
with the striking-stone's rhythmic blows
against your anvil.

The old sound,
and the scars on your face
made you esteemed
in the farmers' respectful circle
around your bent back.
You were the smith who made them axes
and blades for their plows.

You were the smith. Millennia you sat
by the salty tongue-tip of the waves
forming flint with masterful hands.
Ocean mist deposited arthritis
and wind cleared the beach.
Flint shards were familiar with your blood
but you remained.

Tireless
you produced your masterwork
from the flint knob
in your judging hand.
Over and over
you cut your memory
into the steel of the beach.

LUFTFOTO

Liv blinker
som fugt
på jordens skorpe
siver
som fugt
nedad hykleriets bjerg
drypper
som fugt
i hadets huler
og stinker
som misundelsens råddenskab.

Liv lever
som fugt
i grådige øjne
og dør
som fugt
på mammons glohede gulddynger.

Aerial Photo

Life blinks
like dampness
on the earth's crust
seeps
like dampness
down hypocrisy's mountain
drips
like dampness
in hate's caverns
and stinks
like envy's rot.

Life is alive
like dampness
in greedy eyes
and dies
like dampness
scalded on mounds of mammon's gold.

Tungt Vejr

Vejret driver tungt
gennem dalen,
mens regnen går fra borde.
Vejret driver –
sidelæns næsten –
med slappe sejl
og en halvdød vind
til rors.

Herreløst
går vejret på grund,
tøvende,
tungt,
med grøde i lasten.
Kølvandet
glatter sig
bredt over dalen
som lugt af gødning
og ko.

Forunderlig tunge
strandede aften,
vejrvrag
med slagside mod nordøst.
Vi planter kål
i din grøde.

Heavy Weather

The weather slogs
through the valley
while rain disembarks.
The weather makes way –
sideways almost –
with slack sails
and a half-dead wind
at the tiller.

Abandoned
the weather goes aground,
hesistating,
heavy,
with a cargo of fertility.
The wake
settles,
spread across the valley
as the smell of fertilizer
and cow.

Strange heavy
stranded evening,
weather-wreck,
listing to northeast.
We plant cabbage
in your fertility.

Det Land Ulydighed

Mere frodigt
end ribberne om den golde veranda,
rigere end det tilladte,
sandere,
drager det land ulydighed
som er dit,
som er dit alene,
dirrende sine grænser igennem dig.

Ældre end frygten
og stærkere
lever endnu det land
ulydighed
som løfter alle døre af led,
som går gennem alle mure
og slæber
ordenes kolde raslende kæder
efter sig
til det yderste dige.

Dette land som er dit
som er frugtbart og farligt
bagved de spærrende forbud,
hvis porte er fulde af angstens dæmoner,
kløerne i dit bryst
som du må bekæmpe alene
i kraft af dit land,
og hvis himmel
er frihed og magt til at handle
indtil den styrtes.

Indtil den knuses af det som skal komme
af det som nærmer sig
uafvendeligt,
straffen, straffen.

The Country Disobedience

More lush
than the pickets around the barren veranda,
richer than the permitted,
more true,
the country disobedience attracts
what is yours,
what is yours alone,
quivering its borders through you.

Older than fear
and stronger
the country disobedience
still lives
pulling all doors askew,
penetrating all walls
and dragging
behind it
words' cold rattling chains
to the farthest dike.

This country of yours
which is fruitful and dangerous
behind the obstructive bans,
whose portals are full of anxiety's demons,
the talons in your breast
which you must fight alone
by virtue of your country,
and whose sky
is freedom and power to act
until it is toppled.

Until it is crushed by what shall come
by that which is approaching
inevitably,
the punishment, the punishment.

Vidderne som var dine
forlader dig – kraften –,
portene gaber
fulde af gribende hænder imod dig,
grænserne skrumper,
alt det som var dit,
dette herlige land som du ejede,
skal gå under omkring dig
og rystende styrtes du
som en støtte af salt og frygt
i fortrydelsens intet.
Ingen, ingen
vil følge dig i din afgrund.

Men du skal ikke fortabes.
Det land ulydighed
som er større end straffen
skal genopstå
og du skal gå gennem alle mure
igen og igen
med ordenes kolde raslende kæder
efter dig
til det yderste dige.
For dette land
som i den tredie time forkaster
begyndelsens usyrnede dejg
og formørker himlen med straffedom
er dit alene.

The expanses that were yours
abandon you – the power –
the portals gape
full of hands grabbing at you,
the borders shrinking,
everything that was yours,
this great land you owned,
will fall around you
and trembling you will tumble
like a pillar of salt and fear
into the void of regret.
No one, no one
will follow you into your abyss.

But you will not be lost.
The country disobedience
which is larger than the punishment
will rise again
and you will proceed through all walls
again and again
with the words' cold rattling chains
behind you
to the farthest dike.
For this country
which in the third hour rejects
the beginning's unfermented dough
and darkens the sky with punishment
is yours alone.

NOVEMBER

Årtusinders ubesejrede fugt
– dine tyste vægge
og roernes lukkede jernalderhuse
på bunden af tågen
i tidligt mørke
– dit værd.
Fordi du gjorde dit hjerte af jord
blev du gammel uden at ældes,
fordi du gav din sjæl til kragen
og gjørde den ensom
forblev du den samme.
Din alders tegn er fodens fortrolige,
hovens fortænkte krumning blev din,
berøvet sit indhold.

Glemt af forandringens færden
i fuglenes tale
i træernes langsomme flugt
fortæres du ikke.
Din tanke er tænkt i en anden tid,
din tavshed
står dig af roden som røg
som hellig ukristnet viden
vi ikke forstår,
endda du møder os nøgen.
Endda du breder dit hjerte ud
beskrevet med samme tegn for liv
som da foden første gang mødte
sit mærke ved dig.

Stumme higer vi gennem dig
uden at mindes,
slukte,
uden forsøg på at tyde
de egne du bærer imod os,

November

Unconquered millennial dampness
– your hushed walls
and the field beets' closed iron-age houses
at the bottom of the fog
in early darkness
– your value.
Because you made your heart from earth
you aged without aging,
since you gave your soul to the crow
and made it lonely
you remained unchanged.
The signs of your age are known by one's foot,
the hoof's brooding curvature became yours,
stripped of its contents.

Forgotten by change's journey
in the speech of birds
in the trees' slow escape
you are not consumed.
Your thoughts ruminate in another time,
your silence
blooms from your root like smoke
like holy unchristian knowledge
we do not understand,
you even meet us naked.
You even widen your heart
inscribed with the same symbols for life
as when the foot for the first time met
its mark in you.

Mutely we aspire through you
without recollection,
extinguished,
without attempting to fathom
the regions you bear towards us,

de marker vi vandrer igennem
blinde af det som ikke er dig
fordi du er evig.
Og dog er du mere sand end det vi begærer,
din himmel berører jorden
men ingen vil se den.
Ingen vil nøjes med det som er nærmest,
oprindeligst,
ingen vil tøve hos dig
fordi du gør ensom.

Men fordi du gjorde dit hjerte af jord
forandres du ikke,
din alders dybde er hedensk,
din tåge
fuld af en kraft vi ikke tør eje,
vi ikke tør se.
Det sted hvor du hersker
har ingen døre åbne for os
og for det vi har mødt
siden vejene groede sammen
af dine mærker og simple tegn
og førte os med sig,
siden ormen forlod sit leje i mulden
og blev til en skrue,
endda du venter endnu på de yderste marker
hvor alle ting tier.

the fields we wander through
blinded by what is not you
because you are eternal.
And still you are more true than what we desire,
your sky touches the earth
but no one will see it.
No one will be satisfied with what is closest,
most original,
no one will pause with you
because you bring loneliness.

But since you made your heart from earth
you do not change,
your deep age is pagan,
your fog
filled with a strength we dare not own,
we dare not see.
That place where you rule
has no open doors for us
nor for what we have met
since the roads grew together
from your marks and simple signs
and led us along,
since the worm left its bed in the loam
and became a screw,
still you wait by the farthest fields
where all things are silent.

JUNINAT

Din støvede skygge forlod dig
ved nattens tærskel.
Man lukkede husenes døre
og lod dig alene
med dette mørke som ikke var mørke
som ikke var lys
som var Island – engang,
og hvor ting
dine hænder berørte for timer siden
blev saga
og sammen med regnspovens klage
fortalte dig noget
om blege vægtløse nætter
du aldrig har kendt
og aldrig kan glemme
og aldrig skal møde igen.

Kun denne nat
hvis lyde var stemmer du ikke forstod,
hvis dug
var faldet tusind år før din fødsel
på græs
der aldrig berørte en sko
som den der skilte din fod
fra en svalhed
hvis tid var dig fremmed.
Kun denne ene nat
hvor dine øjne uden forundring
mødte et land som var tabt
som var levet og glemt,
kendte du det
der var sunket ind som en tyst,
som en islandsk viden
i en bevidsthed
større og ældre end din.

June Night

Your dusty shadow deserted you
at night's threshhold.
Doors of houses were closed
leaving you alone
with this darkness which wasn't darkness
which wasn't light
which was Iceland – once,
and where things
your hands touched just hours ago
became sagas
and together with the rain-curlew's complaint
told you something
about pale weightless nights
you never knew
never can forget
and never will meet again.

Only this night
whose sound was voices you didn't understand,
whose dew
fell a thousand years before your birth
on grass
that never touched a shoe
like the one that separated your foot
from a coolness
whose time was foreign to you.
Only this one night
where your eyes without surprise
met a country that was lost,
lived and forgotten,
you knew
what had sunken in like a hush
like an Icelandic knowing
in a consciousness
larger and older than yours.

KULT

Dampende heste
bragte forventningens hellige dømte bjerg
til den tomme strand
hvor bølgerne kom og talte med sten under tungen.

Og du var den
der lagde en splint af dit gudløse hjerte
under dette års helligdom,
dette års mageløse bjerg,
at det måtte brænde.
Du var den der i salig
og storøjet venten på himmelilden
så dem bygge et sammenbunket strittende tårn
af døde haver.

Og du var den der stod tilbage på stranden
da vognen kørte.

Og ingen kom til det hellige bjerg
for at bede,
ingen kom for at finde en mening
undtagen de gudløse.
For kun de gudløse kunne bo i forventningen
uden at vakle,
kun de var rene i ånden
og kunne tro og feste
for ødelæggelsen
med hele sjæle.

Efter gammel sæd
skulle der ofres i mørke.
Men kun de gudløse var andægtigt tavse,
betagne
kun de havde ingen tilfældig vantro
i blikket.

Cult

Steaming horses
brought expectation's holy doomed mountain
to the deserted beach
where the waves came and spoke with stones under their tongue.

And you were the one
laying a splinter of your godless heart
beneath this year's shrine,
this year's incomparable mountain
so it could burn.
You were the one who in blessed
and wide-eyed anticipation of heavenly fire
saw them build the tower, piled up and jutting out
from dead gardens.

And you were the one left standing on the beach
when the carriage left.

And no one came to the holy mountain
to pray,
no one came to discover a purpose
except the godless.
For only the godless could live in expectation
without wavering,
only they had purity of spirit
and could believe and celebrate
the destruction
with all their hearts.

According to ancient custom
they would sacrifice in the dark.
But only the godless were silent with devotion,
captivated
only they had no random disbelief
in their eyes.

Det hellige bjerg var stablet og stablet
som babelstårnet,
og de var ilden,
som ilden var deres.

Og du var den der havde lagt dit hjerte
på bålet.
Endnu var du uden guder.

Men de som ikke begreb at bjerget var helligt,
at ilden var større og mere end flammer,
kendte sig svage
og søgte hjælp mod lyden af brændende træ
i tåbelig sang.
Siden dræbte de modigt
de ulmende gløder
med lettelsens lammende skovle
og kastede bjergets forkullede rester
for havet.

Men fra gammel tid
lod man asken ligge i sandet
uden at huske
at netop dette var tegnet
for det som var fuldbragt.
Og du alene blev med tegnet for dom,
med mærket for sket,
på den tomme strand
hvor bølgerne kom og talte med sten under tungen.
Og kun du forstod i et saligt gys
hvad du så.

The holy mountain was piled high
like the Tower of Babel
and they were the fire,
and the fire was theirs.

And you were the one who had laid your heart
on the fire.
You were still without gods.

But the ones who didn't grasp that the mountain was holy
that the fire was greater and more than flames,
grew weak
and sought respite from the sound of burning wood
in miserable song.
Then courageously they killed
the smoldering coals
with paralyzing shovels of relief
and tossed the mountain's charred remains
into the ocean.

But back to olden times
ashes were always left in the sand
without remembering
that precisely this was the sign
for what was completed.
And you alone were marked for judgment
with the sign of what happened,
on the desolate beach
where the waves came and spoke with stones under their tongue.
Only you understood with a blessed shiver
what you saw.

FØLGESVENDEN

Så stille kom du til os fra den anden bred
og så os bade.
Forventningsfuld.
Lokkende gik du på vandet
med blanke fødder.

Vi kendte dig – og vi kendte dig ikke.
Rørte du ved os med skyggen
af bare een finger
frøs vi.

For du var nok den der krusede himlen,
og var det ikke din hånd
der greb om kølen
på letsindets hoppende båd
for at nå os?

Men du var vel også den
der sorgløst
lagde os eventyrets smag af jern og jord
i munden?

Kunne du vide
vi ikke kendte dig?

Troskyldigt sad du hos os
yderst
på de vaklende gule tømmerstabler
og vi vidste ikke hvem du var.

Follower

So quietly you came to us from the other bank
and saw us swimming.
Expectant.
Enticing, you walked on the water
with shiny feet.

We knew you – and we didn't know you.
If you touched us with the shadow
of just one finger
we shivered.

For you were probably the one who stirred the heavens,
and wasn't it your hand
that grabbed the keel
of carelessness's skipping boat
in order to reach us?

And weren't you also the one
who carefree
placed into our mouths
the fabled taste of iron and earth?

Didn't you realize
we didn't know you?

Naively you sat with us
on the end
atop the shaky yellow woodpiles
and we didn't know who you were.

Du vogtede på os
du var altid den der var med os
altid hos den der turde mest,
og vi så dig spejlet
i mergelgravens usikre is
og under medestangen
forårsdage.

Vi kendte dig
og vi kendte dig ikke
dit væsen var pigtråd i græsset
og vi gik altid med bare ben.

You guarded us
you were the one always with us
always with the one who dared the most,
and we saw you reflected
in the gravel pit's unsafe ice
and under the fishing pole
spring days.

We knew you
and we didn't know you
your essence was barbed wire in the grass
and our legs were always bare.

OPBRUD

Denne stemme, denne kraft –
Det var ikke vinden
det var ikke lyden af vand. Det var råbet,
bjergenes ord af jern og sten
mod barndommens hus,
og du måtte lytte.

Længe
længe havde det kaldt
ved den utætte dør.

Men dette var ikke vinden,
og du måtte værge for dig med åbne hænder
der ingenting rummede.
Dette var råbet,
dette var større end lyden af vand.
Kildernes higen
og havets møde med alle kyster
var i det,
bjergenes tyngde,
og du vidste intet at svare.

Bjergenes ord af jern og sten på din tærskel,
større end vilje,
større end frygt,
dit hus måtte vakle.
Mægtige vinger berørte væggene,
væggenes tysthed
og tagets.
Steppernes tidløse hvisken i strået
så nær ved din dør,
det samme græs – det samme græs –
den samme fangne uro i blæsten
steppernes – viddernes evige higen
dit hus måtte synke.

Departure

This voice, this power –
It was not the wind
it was not the sound of water. It was the bellowing,
the mountains' words of iron and stone
towards the house of childhood
and you had to listen.

For a long time
long it had been calling
at the drafty door.

But this was not the wind,
and you defended yourself with open
empty hands.
This was the shout
greater than the sound of water.
The spring's ambition
and the ocean's collision with all coasts
was in it,
the mountain's heaviness,
and you did not know how to answer.

The mountains' words of iron and stone on your threshhold,
greater than will,
greater than fear,
your house shaking.
Great wings brushed the walls,
the silence of the walls
and the roof.
The mountainsides' timeless whisper in the brush
so close to your door,
the same grass – the same grass –
the same captured restlessness in the wind
the mountainsides' – the expanses' eternal craving
your house must fall.

Og du måtte gå.
For dette var råbet større end vinden,
større end murene om din barndom,
stærkere
end noget du før havde kendt,
og du måtte lyde.
Du måtte gå.
Væggene i din barndoms hus ville styrte
bag dig,
taget knuses,
kun støv ville blive tilbage,
et aftryk,
en kreds af forvitrede stene i græsset
hvor fuglene skriger.

Længe
længe havde det kaldt ved den utætte dør
og du havde tøvet.
Men denne stemme,
denne kraft,
denne søjle af fryd og vilje igennem dig
var råbet
og du måtte lyde.
Forlade det som ikke mere var dit
med åbne færdige hænder
og bo i dit fodspor.

Og du måtte gå alene.
Ingenting måtte du tage med dig.
Men engang skal du stå på et fremmed sted
og med undren føle
en tyngende kæde af syldsten
over dit bryst.
Og du skal høre dem kalde og kalde.

And you had to leave.
For this was a shout greater than the wind,
greater than the walls around your childhood,
stronger
than anything you had known,
and you had to listen.
You had to leave.
The walls in your childhoood home would fall
behind you,
the roof crushed,
only dust remaining,
an impression,
a ring of crumbled stone in the grass
where the birds screech.

For a long time
long it had been calling at the drafty door
and you had hesitated.
But this voice,
this power,
this column of joy and will all through you
was the beckoning
and you had to listen.
Leave what no longer was yours
with open ready hands
and live in your footprints.

And you had to go alone.
You could take nothing.
But someday you will stand in a foreign place
and feel with wonder
a heavy ring of foundation stone
across your chest.
And you will hear them calling and calling.

KAIN

Det er dig der har gjort det.
Skyggen af dine hænders værk
er over dit ansigt,
og netop fordi du spreder
din onde samvittigheds glohede sten
på grønjorden om dig
vil du brænde under fødderne
når du går.

Det vil ryge af græsset.
Du kan ikke gemme dig,
for sandhedens sorte askepletter
er sporet af dine hæle,
og dine formørkede øjne
vil åbne jorden omkring dig,
stivnede læber vil forme
dit navn.

Det er dig der har gjort det.
Ingen ved det endnu
men æselkæbens mærke
er på din pande
og dine hænders blodige viden
vil ikke begraves.
Stene i græsset.
Kun løgnen vil huse din frygt.

CAIN

It was you who did it.
The shadow of your handiwork
is on your face,
and since you spread
the hot glowing stones of your evil conscience
on the green earth around you
your feet will burn
as you walk.

Smoke will rise from the grass.
You cannot hide,
for your heels are trailing
the black ash-stains of truth,
and your darkened eyes
will open the earth around you,
stiffened lips will form
your name.

It was you who did it.
No one knows it yet
but the mark of the ass's jawbone
is upon your forehead
and your hands' bloody witness
cannot be buried.
Stoning in the grass.
Only the lie will house your fear.

De Fandens Unger

Lad dem male med skidt på din mur.
lad dem tegne med kridt
på dit fortov,
lad dem hugge dit eneste æble
og smadre din rude
med sten –

de skal jo stå ved din kiste
engang,
sørgmodigt
med hatten i hånden.

Damned Kids

Let them paint filth on your wall.
Let them draw with chalk
on your sidewalk,
let them steal your only apple
and shatter your window
with rocks –

Someday
they will surely stand by your coffin
sorrowful,
hat in hand.

Gry

Nattens gråsprængte bugskind
løftes op
langs synsranden
af en ny dags glødende pæle.

Skoven vågner
mil efter mil
befriet for mørkets tyngde
og ryster
med stive krogede rødder
geskæftige spidsmus
ud af madrassen.

Natten fordamper
i fuglenes sang,
og solens første flade stråle
ligger langstrakt på maven
og undrer sig over
fuglemors grimme børn.

En ny dag
knæler i græsset
og slukker sin tørst
i nattens fugtige fodspor.

Dawn

The grey-spattered membrane of night
is lifted
along the periphery
by a new day's glowing underpinning.

The forest wakes
mile after mile
liberated from heavy darkness,
shaking
officious shrews
out of the mattress
with stiff crooked roots.

The night evaporates
into birdsong,
and the sun's first flat rays
stretch out on their bellies
wondering about
mother bird's ugly children.

A new day
kneels in the grass
quenching its thirst
in the damp footprints of the night.

Den Stormredne

Har du først eengang gynget på stormen
gynget på bange opvendte blikke
hujende saligt, døv og blind.
Eet med de våde syngende grene
eet med det vilde galende vejr,
er du mærket for altid.

Løftet ud af ordenes låsede kredse,
råbende farer du hen med skyerne
ene med stormen, al lyd bliver blæst
fra havet, fra halsen, fra halsende mødre
en tidløs rejse på stedet
på de yderste øverste grene.

Gyngende
huggende i din sadel af bark over knyttede hænder
herligt henover vreden der skummer
om træets dirrende, strakte rod,
holder den – holder den –,
al tanke er blæst der fejer udover verden.

Ridende trygt mellem skyer
der flåder udover himmelranden,
evigheder fra plænen der duver og svimler
under dig,
evigheder fra vreden der piskes itu
af de vildt galoperende kviste.

Har du først eengang redet på stormen
redet med vejret ned gennem svælget
tusind år i en time,
bærer du farten,
træernes eventyrlige flugt over jorden
i dig for altid.

Storm Rider

Once you have swung upon the storm
swung with fearful upturned mien
hooting with exhilaration, deaf and blind,
one with the wet singing branches
one with the wild shrieking wind,
you are marked forever.

Lifted out of words' locked circles,
shouting, racing along with clouds
one with the storm, all sounds driven
from the sea, from your throat, from bustling mothers
a timeless journey in place
on the farthest, topmost branches.

Swaying
slashing at your saddle of bark over clenched hands
supreme above the anger frothing
around the tree's quivering, straining trunk,
will it hold – will it hold –,
all thoughts are wind, sweeping across the world.

Riding confidently through the clouds
floating across the horizon,
an eternity from the lawn pitching dizzily
beneath you,
an eternity from the anger beaten to pieces
by the wildly galloping twigs.

Once you have ridden the storm
ridden with the gale in your throat
a thousand years an hour,
you bear the speed,
the trees' fantastic flight over the earth
within you always.

Under de Omvendte Både på Stranden

Denne ulmen
dybest i din erindrings sorte lykkelige huler,
denne glød
endnu i gangene under din dag,
og bagved porten du ikke kan lukke
din hedningenat.
Og på de skjulte forbudte steder
og i de stejle hemmelige rum under gulvene
i dit indvortes,
dette dit hus af nødvendighed,
endnu det røde skær af en glæde,
endnu det hede spor af en ild,
af et oprør.

Og dog har du glemt
det knappe sprog som var skaberens,
du kan ikke vende tilbage.
Du kan aldrig vende tilbage
til din ulydigheds utætte bolig
hvor isnenede træk skilte væggene
fra den våde jord,
den omvendte båd
hvor kølen rakte fra Canadas vilde skove
til floderne ved Ækvator.

Aldrig mer skal du krumme dig sammen i røgen
af indtørret tang,
hyllet i svimlende horisonter
med svidende øjne.
Aldrig mer skal du møde den du har sveget,
den ild,
som du tændte i trods
mellem slidte tofter
på en saltrå efterårskyst.
Den ild som længst har forladt
dine dage.

Beneath the Overturned Boats on the Beach

This simmering
deepest in your memory's happy black caves,
this ember
still in the corridors beneath your day,
and behind the door you cannot close
your heathen night.
And in the hidden forbidden places
and in the steep secret rooms beneath the floor
of your inwardness,
this, your house of necessity,
still the red glint of a joy,
still the hot trail of a fire,
of a protest.

And yet you have forgotten
the terse language which was the creator's,
you cannot return.
You can never return
to your disobedience's leaky residence
where icy drafts separated the walls
from the wet ground,
the overturned boat
where the keel stretched from Canada's wild forests
to the Equator's rivers.

Never again will you curl in the smoke
of dried seaweed,
wrapped in dizzying horizons
with burning eyes.
Never again will you meet the one you have betrayed,
the fire,
which you lit defiantly
between worn-down thwarts
on a raw, salty autumn coast.
That fire that has long abandoned
your days.

Søgende kan du se under bådene
og du vil finde sorte forkullede steder
hvor jorden har navn.
Men den du var utro er ikke til.
Kun i krogene under din glatte metalsjæl
brænder det rødt
som det brændte engang mellem tjærede spanter,
kun bagved porten du ikke kan lukke
færdes endnu
som en skygge det fremmede barn
du aldrig kan nå.

You can look beneath the boats
and searching find black charred places
where the earth has a name.
But the one to whom you were unfaithful does not exist.
Only in the corners under your smooth metal-soul
does it burn red
as it once burned between tarred ribs,
only behind the door you cannot close
still moves
like a shadow, the unfamiliar child
you never can reach.

Arven

Denne elendige lille kugle af støv
mellem stjerner,
ubetænksomt bestemt til at føre
os
og vore værdifulde gøremål
frem og tilbage i rummet
til fordel for hvem?

Mindre og mindre for hver gang den arves,
kortlagt og tømt
til mindste detalje
og stadig med flere til bords
mellem isede poler,
styrer den os
evindeligt i de samme kredse
de samme kedsommelige klodeellipser
om bare een eneste sol.

Os –,
vi som kan tænke,
vi som mener os skabt til at rejse
i tiden,
i rummet –,
alverdens beherskere
født til at vandre ubesværet
i kosmos
alene i kraft af en vilje,
alene i kraft af os selv –,
os bød man
denne elendige lille kugle af støv
til eneste bolig.

Inheritance

This miserable little ball of dust
between stars,
thoughtlessly intended to carry
us
and our valuable activities
back and forth in space
for whose benefit?

Diminished each time it is passed down,
charted and emptied
to the smallest detail
and with more and more guests
between icy poles,
it steers us
eternally in the same circles
the same boring elliptical orbits
around one solitary sun.

Us –
we who can think,
we who think we are meant to travel
in time,
in space –
rulers of everything
born to wander unhindered
in the cosmos
on the strength of will alone
on the strength of ourselves –
we offer ourselves
this miserable little ball of dust
as our solitary home.

Vi som kan tænke –
vi som kan rede galaxernes
lysende projektilspor
og tænke logisk –,
denne ene klode alene
var arven,
denne enfoldige, stumme jord
så blottet for færdige mål
så håbløs mangelfuld
mellem ufredens blinde søjler af blod
og ufordragelighedens
kolde kunstfærdige dans på stedet –.
Dette var arven.

Men skulle vi nøjes,
når altet vrimler med stjerner
og sole –,
vi som af alle væsener mest er guder,
ophøjet ved selvtægt,
skødesløst avlet
ved overgangen
fra abstraktioner til mekanik –.

Vi, som af alle vækster
alene begriber det skabte,
skulle vi nøjes
med denne simple tredierangs klode
til deling
til dette formål?

Burde vi ikke eje stjernerne,
vi som behersker tingenes orden,
burde vi ikke eje en stjerne
hver?

We who can think –
we who can track the galaxies'
shining projectile paths
and think logically –
this one single globe
the inheritance,
this simple mute earth
so exposed to worthy goals
so hopeless, lacking
between enmity's blind columns of blood
and intolerance's
cold elaborate dance in place –.
This is the inheritance.

But shall we be satisfied,
when the universe is teeming with stars
and suns –
we who of all beings most resemble gods,
elevated by our own hands,
carelessly bred
at the transition
from abstractions to mechanics –.

We, who of all beings
alone comprehend creation,
shall we be satisfied
with this one simple, third-class globe
to share,
for this purpose?

Shouldn't we own the stars,
we who govern the order of all things,
shouldn't we each
own a star?

De Langsomme Glæder

Langsomt,
langsomt åndede tidens gennemsigtige gople
sig frem gennem rummet,
og ingenting var begyndt endnu.
Ingenting havde mødt sin betydning
og intet bandt dens forgængelighed,
endnu var den hel og uden begrænsning
kun opfyldt af ro.
– Engang skal den ånde sådan igen,
engang
når livet ikke er menneske mere,
netop sådan skal tiden strømme forbi,
så langsomt
som endnu før nogenting var begyndt.

Men begyndelsen var,
og gennem årtusinder
levede tid og mand i forlig med hinanden
sad side om side ved samme ild
og gnavede kød af den samme knogle
i tavshed,
og glæden ved livet var langsom
og nær ved jorden
og tiden var langsom.
Uden møje
lod den sig klappe med hånden,
uden hastværk rundede kvinden
sin krukke af leret
og lod den æde af sommerens kerner
en vinters brød.

Men fulde af hovmod
fyldte vi tiden med fremmed betydning
og krævede større ting end den gav,
forfængeligt

Slow Joys

Slowly,
slowly the transparent jellyfish of time sighed
its way through space –
nothing was yet begun.
Nothing had met it's meaning
nothing bound its ephemeralness,
it was still whole and without limit
filled only with peace.
Someday it will breathe thus again,
someday
when life is no longer a person,
again time will flow past,
so slowly
as when nothing had yet begun.

But the beginning did occur,
and through millennia
time and man lived in agreement
sat side by side at the same fire
gnawed meat from the same bone
in silence,
and the joy of life was slow
close to the earth
and time was slow.
Without effort
it let itself be patted on the hand,
without haste woman rounded
her clay crockery
and let it partake of summer's grain
winter's bread.

But prideful
we filled time with alien meaning
demanded greater things than it gave,
vain

ville vi hæve os over den,
ville vi rumme mere end tiden,
og uden tålmodighed
jog vi den fra os og bandt os til farten,
følte os mægtige,
kendte os tåbeligt løste fra tidens begrænsning,
større – i drift.
Begærligt rakte vi efter altet,
og kloderne kom os nysgerrigt nær
som sindige vejrende okser.

Men vi havde glemt det ene fornødne,
glemt at være.
Vi havde tabt de langsomme glæder
og hændernes fred,
og fulde af bitterhed jog vi tiden
fordi den bedrog os
og tog hvad vi ejede,
fordi den unddrog sig menneskets vilje
ville vi dræbe den,
fulde af hævntørst
fulde af had
fordi den var langsom.

Men engang
vil tiden komme til os igen
kun fuld af sin egen betydning,
sin langsomme glæde,
og farten vil tabe sig udad i rummet.
Gennem årtusinder
brænder en ild i stilhedens nat
ved et bjerg af gnavede knogler
og nye krukker fulde af korn
vil rumme en mening.

Og kloderne græsser fjernt
i en ny begyndelse
fuld af forvitrede sagn om en undergang.

we would raise ourselves above it,
we would encompass more than time,
and impatiently
we pushed it from us and bound ourselves to speed,
felt powerful,
knew we were hopelessly unbound from time's limits,
greater – adrift.
Covetously we grasped everything,
and the spheres came curiously near
like thoughtful curious oxen.

But we had forgotten the one thing necessary –
being.
We had forgotten the slow joys,
the hands' peace,
and full of bitterness we pushed time away
because it cheated us
took what we owned,
because it eroded the will of people
we would kill it,
filled with revenge
filled with hate
because it was slow.

But someday
time will return to us
filled only with its own meaning,
its slow joy,
and speed will disappear into space.
Throughout millennia
a fire will burn in the quiet night
beside a mountain of gnawed bones
and new crockery filled with grain
will contain meaning.

And the spheres graze distantly
in a new beginning
full of jumbled legends about an apocalypse.

Bjerge af Ro

På alle de langsomme steder i verden
kaster man sten i oprindelsens brønde
og kræver lydighed.

Alle de lave og langsomme steder
hvor dørene ikke kan låses
og tiden ikke står
som en sminket skøge ved templet –.

På alle de tørre og øde marker,
i tidslerne –

Og ved de affældige huse –

Og mellem de hellige
forurenede floder –

Står man med nye, hårde og blanke nøgler
til himlen og jorden
og råber.

Men i skyggen under de gamle træer
sidder endnu de tidløse
tavse
med hænderne fulde af større viden
om stilhed.

Sidder endnu de tidløse
tavse
med tankerne gemt
under store forklarede bjerge af ro.

Og mellem de yderste brønde på torvet
hvor dagen er hvidest
står man og råber
med sten
og nye nøgler til støvet.

Mountains of Peace

On all the slow places in the world
we toss stones into the spring of creation
and demand obedience.

All the low, slow places
where the doors do not lock
and time does not stand
like a painted harlot at the temple.

On all the dry, deserted fields,
in the thistles –

And by the ramchackle houses –

And between the holy
polluted rivers –

We stand with new, hard and shiny keys
to heaven and earth,
shouting.

But in the shadows under the old trees
the timeless ones are still sitting
quietly
with their hands filled with greater knowledge
about silence.

The timeless are still sitting
silently
their thoughts hidden
under great transfigured mountains of peace.

And between the farthest springs in the square
where the day is whitest
we stand shouting
with stones
and new keys to the dust.

Nøglerne til de lansomme steder,
nøglerne til de skidne huse
hvor dørene ikke kan låses –

Og til de smalle fattige marker
hvor dagene bleges.

Altid nye og færdige nøgler
men aldrig til skyggens forklarende bjerge,
aldrig til stilhedens kilder.

For skyggen har ingen betydning
for den der ikke er født
med panden mod jorden
og åbne hænder.

De ældede tegn for sol og måne,
for tid
og frugtbarhed,
har ingen betydning.

Tavshedens brønde er tomme
for den der står med nøglens mærke
knyttet i sjælen
og råber.

Den der står med nye og hårde nogler
og råber mod bjerge
man ikke kan åbne
og ikke forstår.

På alle de gamle og lansomme steder
alle de underste steder i verden
hvor dørene ikke kan låses
kaster man sten i oprindelsens
tavse brønde
og kræver lydighed.

The keys to the slow places,
the keys to the filthy houses
where the doors do not lock –

And to the narrow poor fields
where the days are bleached.

Always new and ready keys
but never to the shadow's transfigured mountains,
never to the springs of stillness.

For the shadow has no meaning
to one who was not born
with his forehead to the earth
and open hands.

The antiquated signs for sun and moon,
for time
and fertility,
have no meaning.

The spring of silence is empty
to one standing and shouting
with the key's mark
tied to his soul.

One who stands with new, hard keys
shouting towards the mountains
which he cannot open
and does not understand.

On all the old and slow places
all the lowest places in the world
where the doors do not lock
we toss stones into the silent
spring of creation
and demand obedience.

The poems in this book appeared in the original Danish in the following poetry books by Cecil Bødker, all published by Arena except for *Jordsang* and *Vindrosen*, which were originally published by Gyldendal:

LUSEBLOMSTER 1955
Du
Ved bålet
Jordbær
Gry
Tudseæg
Som røg af en skorsten
Selvportræt
Den grå kat
Heksene
Den vandrende mark
Klode
Luftfoto
Tungt vejr
Undergang
Silketråde
Sol
Græs
Hastestemning

FYGENDE HESTE 1956
Hvil i fred
De fandens unger
Solnedgang ved Mälaren
Uppsala
Skærgård
Brød
Træfælderen
Oktober
Tavse fugle
Tjørne i sne
Fygende heste
Efter høst
Dagens ruin
Lille mulat
Tvang

Vredens ager
At leve
Pessimisme
Søvn

VINDROSEN 1957
Stensmeden
Ødegården

ANADYOMENE 1959
Arven
November
Juninat
Kult
Det land ulydighed
Følgesvenden
Under de omvendte både på stranden
Den stormredne
Opbrud
De langsomme glæder
Kain
Bjerge af ro

JORDSANG 1991
Douglasgran
Min farvehave

CECIL BØDKER (born 1927) is one of contemporary Denmark's most highly awarded and prolific female authors. She has written 59 books including poetry, novels for children and adults, short stories, and plays. Her Water Farm trilogy, including the novels *Stories about Tacit, The Water Farm,* and *Malvina*, was published by Spuyten Duyvil Press. Acclaimed for her series of children's books about Silas and his black mare, in 1976 she received the international Hans Christian Andersen Medal for Writing for her lasting contribution to children's literature. In 1998 she was awarded the Grand Prize of the Danish Academy for her body of work as a writer.

MICHAEL FAVALA GOLDMAN (b.1966), besides being a widely-published translator of Danish literature, is a poet, jazz clarinetist, gardener, father, and husband. Over 100 of Goldman's translations have appeared in dozens of literary journals such as *The Harvard Review* and *World Literature Today*. He teaches workshops and gives readings at universities and literary events. His recent books include works by Knud Sørensen, Cecil Bødker, Knud Sønderby, Marianne Koluda Hansen and Benny Andersen. www.hammerandhorn.net

www.ingramcontent.com/pod-product-compliance
Lightning Source LLC
Chambersburg PA
CBHW020140130526
44591CB00030B/161